HOJE NÃO ESTOU

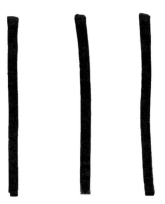

HOJE NÃO ESTOU

| | |

BÁRBARA GUIMLE

Crivo

Hoje não estou © Bárbara Guinle, 09/2021
Edição © Crivo Editorial, 09/2021

Edição e Revisão: Amanda Bruno de Mello
Capa: Bárbara Guinle e Lila Bittencourt
Projeto gráfico e diagramação: Lila Bittencourt
Coordenação Editorial: Lucas Maroca de Castro

Dados Internacionais de Catalogação na Publicação (CIP) de acordo com ISBD

G964h	Guinle, Bárbara
	Hoje não estou / Bárbara Guinle. - Belo Horizonte MG : Crivo Editorial, 2021.
	64 p. : il. ; 13,6cm x 20,4cm.
	ISBN: 978-65-89032-26-7
	1. Literatura brasileira. 2. Poesia. I. Título.
	CDD 869.1
2021-3215	CDU 821.134.3(81)-1

Elaborado por Vagner Rodolfo da Silva - CRB-8/9410

Índice para catálogo sistemático:
1. Literatura brasileira : Poesia 869.1
2. Literatura brasileira : Poesia 821.134.3 (81)-1

Crivo Editorial
Rua Fernandes Tourinho, 602, sala 502
30.112-000 - Funcionários - Belo Horizonte - MG

🌐 www.crivoeditorial.com.br
✉ contato@crivoeditorial.com.br
f facebook.com/crivoeditorial
📷 instagram.com/crivoeditorial
🌐 crivo-editorial.lojaintegrada.com.br

SUMÁRIO

EU SOU MACAÉ.................................9

O BARCO...10

HOLOCENO.....................................11

NÃO SEI CHORAR............................12

SAL E PIMENTA...............................13

DIA DO BEIJO..................................14

MOBY PUSSY..................................15

MUSA POPULAR BRASILEIRA..........16

23..17

PANO..18

A MINHA MORTE NO FUTURO DO
PRETÉRITO DO INDICATIVO DA GENTE.........19

SONETO DE SAFO...........................20

POEMA DA SAUDADE.......................22

O BICHO DE PÉS GRANDES.............24

AO TEU VENTAR..............................25

HOJE NÃO ESTOU............................27

SE ELA PERGUNTAR........................28

AS DUAS AMIGAS............................32

SAUDADE AGORA NÃO HÁ..............33

SILÊNCIO...35

O MITO DA FOLHA QUE CAI AO COLO............36

ANÁLISE DO MAR............37

ENDEREÇO............39

AÇAÍ............40

AMOR E CAMINHO............41

AGORA QUE ESTÁ MAIS FRESCO............42

ASTROLOGIA PANDÊMICA............48

MEU MELHOR AMIGO AMARGO............49

AS GRUTAS............50

EMPATIA............51

BRASILEIRA............52

CRESCE............54

CARTA PRO DIA............55

MARINHEIRA............56

COMO QUEM COME COM AS MÃOS............58

TAÇA BRANCA............59

GOTA............60

EU ARDI............61

O TEMPO............62

ANTROPOFAGIA............64

Mas eu não sou dessas de só rancor
no ser — meu coração segue gentil...

SAFO

EU SOU MACAÉ

Eu flutuo sozinha
em boa companhia

Volumes baixos
médios
altos

Eu não quero que acabe
É uma linda canção

Me sinto intocável
Sinto que me sentem intocável
Sinto que me sentem alta
Alta e clara
Bárbara

Sou a cama das folhas que caem
Eu sou todas as fomes brasileiras

Sou toda ribeira
de margens acesas e rachadas
Córrego frio
sou peixe de água doce
sou beijo-poema

sou ri

Sou acaçá de milho bem-feito
e me divirto com o sal
Não sou mais aquele boi
cabrito enfeitiçado

Sou a estrela campeã do dia
sou camponesa da poesia

Sou sua
sou minha

O BARCO

Para arrancar-lhe a recusa bruta
um trovador veloz de coração íngreme

O mundo que tudo daria
a fome que supres com enganos recheados
de passado

Hoje paira torta sobre mim
Paira vesga e duvidosa

Teus dedos todos;
A minha fome
Teus olhos;
A minha sede
Tuas bocas;
Meu jardim da digestão

A desesperança vai me secando
até que um só osso range
cuspindo toda a água que me escondia

E a enchente é tonteante

Um barco raro
invencível
impilotável
Navega sozinho pelas beiras da loucura
como se numa lagoa sem vento

Chama-se amor

HOLOCENO

Será que Deus tomou um susto?
Será que Exu nos odeia?

Será que Deus caiu em desgosto após a pangeia?
Será que Iemanjá receberia Andrômeda
[de braços abertos?

Será que Deus agendou a diáspora?
Será que os caboclos são felizes?

Será que foi Deus quem mandou aumentar
[o tom do canto das jubartes?

Será que Oxóssi mediu as tangerinas após
[a invenção dos agrotóxicos?

Será que os milagres acabaram depois do Holoceno
e agora tudo existe em vida parca?

Depois do Holoceno
Depois da pandemia
Depois da minha infância
Depois de tantos ursos polares

Só me resta pensar
que a coisa mais perigosa nessa vida
é mesmo a febre na Terra

NÃO SEI CHORAR

Tanta boca anil me cerca à noite
Tanto braço feito puxa tudo que não há

O minério em granada no meu peito
tento de um tudo mas não sei chorar

SAL E PIMENTA

Tenho cheiro de alecrim

Caminhos diversos
preparam meus versos para uma vida
mais arisca

Da vida
sal e pimenta
Tem sempre um que a gente repete
e outro que a gente nem experimenta

Quero o que gosto
Mais ventos pra soprar as nuvens rápidas

Um encontro incrível
um amor comestível
Uma pedra quente
uma água boa

Um pano molhado
para torcer e deixar ao sol
como o nosso amor

Evaporar
e nos chover uma chuva só

O nosso amor secou a ordem das palavras

DIA DO BEIJO

Ouvi dizer que na Grécia Antiga os amantes se
presenteavam com jarros cheios da água do rio mais
limpo de suas cidades e que isso demonstrava o
oferecer de um amor puro e o desejo de que a pessoa
amada bebesse a água limpa pelos deuses

Isso é mentira
Mas seria uma baita história para se contar

Eu certamente compraria a mais bela garrafinha de
vidro para coletar, na foz, um tanto d'água no Rio
Sucuri (dizem que esse é o rio mais limpo do Brasil).
Eu não moro no Mato Grosso do Sul, moro no Rio de
Janeiro, mas aqui não tem rios assim tão limpos e eu
faria essa viagem com muito gosto

São vinte horas de carro para eternizar um gesto
assim como eternizamos a entrega de flores e poemas
ou até mesmo o próprio dia de São Valentim

Pegava a estrada buscando a foz do amor puro e
regressava trazendo-a para ti
Aplaudia seu primeiro gole místico
e beijava sua boca pura

MOBY PUSSY

Encaro esta séria divisão
do reto que há
entre o céu e o mar

Esta imensidão hipotenusa
eu vejo da minha jangada
Madeira obscena e feminina
que me conta os segredos das coisas
que não valem nada

Tudo aqui
existe em vida santa
em silêncio
e a gotas de distância

Mas como bem sei
não há pandeiros no mar
nem baleias na estrada

Chamem-me Ishmael
que atenderei mesmo que me chame Bárbara

MUSA POPULAR BRASILEIRA

Me olha como quem canta morna
faz teu fado com a minha menina

Samba com a minha idade e golpeia
essa toada que é o tempo
Inventando, assim, o verbo *afiar*
(apesar de tão delicada)

E como se não bastasse a canção popular
minha voz preênsil ainda precisa te envolver

Isto, agora, é para quem jura amor eterno:

Ou se tocam as nuvens
Ou se toca o maracá

Ou tens um coração
Ou tens um tambor

Uma hora tiveste lábios
Agora tens o meu ganzá

E se tens contigo a melodia
o amor não é coisa para se jurar

23

Salpiquei a minha bossa por aí
Fiz cachear o pau-brasil

Aprendi que meus seios foram feitos de cana
E que eu não posso ser
sem silêncio

Mas ainda não aprendi a chorar
e nem a costurar conversas

PANO

Se eu fosse feita de pano:
Tu me vestirias?
Me colavas, então, no teu corpo?

Como prazer?
No verão
se eu fosse pouquinha?
Ou como socorro pro teu frio?

Será que
se eu fosse feita de pano
você, enfim, dormiria comigo?

A MINHA MORTE NO FUTURO DO PRETÉRITO DO INDICATIVO DA GENTE

Quando eu era viva
Quando as bacias hidrográficas estavam a fazer fronteira
eu colhi um chumaço de veludo
de dentro do seu pulmão

Não esqueço
era tanta água...

Eu pensei até
que apagaria o fogo das queimadas ilegais
na Amazônia

Que ribeiraria ternamente
o Deserto do Saara
fazendo cessar as chuvas de areia que
se alastram por toda a América

Que as igrejas batizariam crianças mais harmônicas

Eu percebi
fúnebre
que dessa água
nunca mais eu beberia

E foi assim que eu morri;
de sede
Quando eu entendi que nessa água
eu me afogaria

SONETO DE SAFO

Doce, dedirrósea poeta de Lesbos
Professora apaixonada
utópica, retumbante:
sáfica

Despede-te de Êresos
embarcando para o plantio de seu thíasos
que floresce, precisamente,
as noivas de sua terra

Não voltas nunca mais à virgindade
por tanto mastigar
e digerir a lira das musas

Ainda há quem não acredite
mas, para lavar-te as mãos,
o fazias nas ribeiras de Afrodite

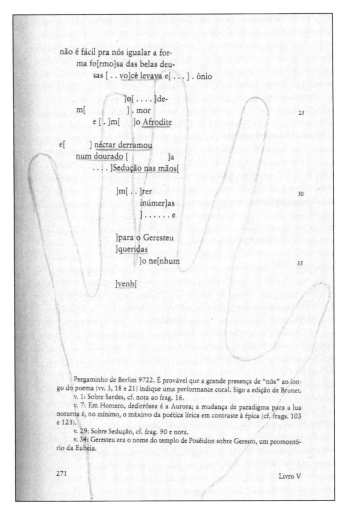

Desenho no livro Fragmentos Completos de Safo, 2017, Editora 34.

POEMA DA SAUDADE

A canção estará sempre
para alguém
mentindo

Nem o poema alcança o próprio tempo

O sorriso demora
e o verso é sempre mais triste
quando se fala de esperança

Estou a entristecer com a gulosa paciência
estás a conformar
Estou parada
e tu, a te movimentar

Eu não ouço a voz
não vejo o rosto
não tateio a pele

Mastigo somente a imagem
Qual paira em turvas intenções, que,
anônimas,
calam a cadência marginal do coração

Se a saudade é sensação ou sentimento
eu já não sei
Mas ouvi dizer que mata

Eu já ouvi gritos e escândalos
clamando por quem não voltará

Acho que a ideia do adeus
jamais assentará em nossos corpos
como gotas que secam sós
Nem mesmo a solidão das gotas
é como a saudade

Tal termo, ou até o próprio gesto,
só existe em nossa língua
Mas se falávamos línguas diferentes
será mesmo que a saudade está entre a gente?

Será que na língua que criamos
existiu também a saudade?

Alguém em sã consciência
poderia me explicar a saudade?

Porque
vai ver isso aqui é só uma parada cardíaca
um derrame
um AVC
E assim seria fácil

Eu procuraria um bom doutor

Não recorreria aos versos
ao meu violão
a nenhuma voz
a nenhum corpo
nenhum samba miserável
Nem sequer a dança da solidão

O BICHO DE PÉS GRANDES

É quase um charme
São nuances de coisas agudas
e outras graves

O semitom do meu coração

Escreve nosso amor a lápis
te peço
Assim
talvez possas apagar
certas incertezas

Você não viu a notícia?
Um bicho de pés grandes
acorda todos os dias
esperançoso
para que
ninguém
doa
em
ninguém

AO TEU VENTAR

Num campo onde todos os capins dançam
quando ela passa ventando

O mel escorre de dentro
e o vento se inicia no âmago

Os olhos amarelos
as mãos de tantra
a fome é tanta que só faz tecer

A voz indissociável do argumento
os gestos tão crescidos
que senhoras são a cama em que dormes

Os gestos recém-nascidos
claramente trêmulos
são o caminho que agora andas

E por puro verão
eu te acompanho
Por um mero verão a gente nasce

Nesse campo onde os capins dançam ao teu ventar
todos os meus alecrins adoçam
como na heresia de quem adoça um café

Tudo que era qualquer sabor
agora é doce
Tudo que era qualquer cor
agora amarela

E os cheiros não são mais os de nascença
Os cheiros agora sentem falta também
de ser o teu pescoço
Os cheiros agora se raspam em teus cabelos
A Terra gira manca
e deus é de Sagitário

Nesse campo onde os capins dançam ao teu ventar
todas as mães são Marias
e todos sentem saudade do pai

Este campo amanhece todos os dias com o cheiro
feminino
da paz

Este campo
quem rega
é metade cavala, metade mulher

HOJE NÃO ESTOU

Hoje não estou
Podem ser os sonhos com falsa gravidez
pode ser

Pode ser a constatação da minha ignorância
pode ser

Hoje não estou música
não estou poesia
não estou religião
nem astrologia

Tampouco estou política

Hoje uma brisa tocou meus cachos
e tomei um susto
São ainda quatro e hoje não estou

Pode ser porque cobri meu busto
o qual deixo sempre nu
para que o mundo fique mais perto
do meu peito
e de tudo que nele tem

Hoje não estou limpeza
ainda nem alecrim
Não estou violão
só estou duas vezes café

Aquele do Drummond;
"Café gostoso
    Café bom."

Porque Bárbara, realmente, a vida não está

SE ELA PERGUNTAR

(Poema feito para a música *Se Ela Perguntar*, de Dilermando Reis)

Quero sentir o cheiro da certeza
Desmastigar a minha razão

Quero o quente de um caminho decorado
O vento que sopra
arriscar em decidir

Pentear meu coração a pente fino
Beber um gole d'água suja de aventura
Tenho ainda
mais amanhãs do que ontens
E isso me assusta

Eu canto baixo quando há chuva

Quero entender o barulho
de todo o meu próprio silêncio
Estender minh'alma em direção à
poesia
Eu quero nunca ser fria

Quero mergulhar meu corpo nu
nas águas que me banham a sabedoria

Quero ser folha
Quero ser brisa

Se ela perguntar
diga que estou indo
Que passei por maus bocados em tentar esquecê-la
mas que venho conseguindo

Se ela perguntar
diga que não há mais pavor

Diga que o vento, hoje,
me sopra carinho
Me sopra amor
me sopra amor e caminho

Diga que o sossego bateu em minha porta e eu abri
Diga que não passo mais um dia sequer
sem cantar
ou um dia sequer sem sorrir

Minha pele
diga que ela continua macia
Diga que continuo cuidando dos meus cachos sim
Mas diga que eu ando cuidando também
da minha própria vida

Diga que não sinto frio
que não passo fome
e que ainda moro na mesma casa

Diga que minhas roupas são quase as mesmas
Que ainda fumo
ainda bebo
ainda saio pra dançar
e que ainda sou a dona das madrugadas
Diga que ainda tenho o mesmo cheiro

E, por falar em cheiro, diga a ela
que o dia em que a conheci foi o primeiro dia
[em que eu tive o cheiro que tenho hoje
Diga que eu nunca esqueci

Diga a ela
que eu nunca entendi realmente
o porquê de ela me deixar
mas que não tem problema
eu posso ainda vir a entender
Ou deixar desentendido

Na verdade, diga que eu não quero mais entender
diga que eu não vejo mais sentido

Ainda cozinho, diga a ela
Diga a ela que eu quase não sento mais naquele café
Que não vejo mais graça naquele cardápio caro e antigo

E se ela perguntar, não
ainda não sento em outro lugar
A não ser que seja qualquer bar que me permita fumar

Se ela perguntar
diga que meus ossos continuam bonitos
como ela costumava dizer

Ah, diga também que estou tentando deixar
[o meu cabelo crescer mas que nunca consigo
Eu corto logo depois de perceber que eu posso, talvez,
[estar um pouco feia

Diga a ela, se ela perguntar,
que não toco mais aquelas músicas
Que compus outras e
adoraria ver ela escutar
eu adoraria ver suas reações

Não, na verdade,
não diga isso
Diga somente que agora
eu canto outras canções

Se ela perguntar,
– Olha, me perdoe por tantas palavras, viu?
É que com ela eu já não falo mais...
Nem vejo mais relance, rua
Nem nua me lembro mais

Mas, sim,
se ela perguntar,
diga-lhe a última coisa

A coisa mais importante
a coisa que não tive temperatura
não tive talvez tato, não tive fôlego, voz alta
pra conseguir dizer

Se ela perguntar
diga que ela foi amada
Diga que ela me foi dança
Mesmo que com afeto salpicado
diga que eu não ligo

Eu não ligo se as coisas que acabei de dizer
[possam ser mentira
Eu não ligo
Eu preciso contar

Mas só diga isso tudo,
somente,
Se ela perguntar

AS DUAS AMIGAS

(Para Juliana Amaral e Julia Mestre)

Na casa de praia as duas amigas dormem à tarde
juntas no sofá

Era verão, e as risadas, infinitas
Tantas histórias tinham as duas amigas...

Era dia 30 de dezembro de um ano fatídico
mas as duas amigas viajavam com
[a leveza do voo dos pássaros
e a esperança úmida de maresia

No rosto delas lia-se que este sono era uma sobremesa
Um doce extremo

As duas amigas dormiram a tarde inteira
ouvindo a voz do vento

O sono era imenso dentro daquela casa
e eu
como quem canta
fui embora

Deixei o velho vento cantar
sua senhora cantiga de ninar

SAUDADE AGORA NÃO HÁ

A saudade dá susto
mas eu tanto escrevi sobre a saudade
que agora saudade não há

Me sinto livre, vazia
como sempre me senti

Eu tanto escrevi sobre a saudade
que agora saudade não há

E sinto nenhuma saudade
de sentir a saudade

Ela ficou no caminho
cansada, quase morta
Por um fio
abusada
fui eu

Eu tanto escrevi sobre a saudade
que agora saudade não há

E ela morreu
bem na minha frente
eu chorava pedindo ajuda
mas o meu pranto não foi suficiente

Quando eu a vi ficando pra trás
nesse caminho
Ajoelhei e olhei pro céu;

"Essa não,
não se vá, saudade, eu vou cuidar de você pra sempre"

Eu tanto escrevi sobre a saudade
que agora
saudade não há

Depois que ela morreu eu percebi
minhas costas não sentiam mais as pontadas
Meu pulmão funcionava melhor
e nunca foi culpa do cigarro
Era tudo culpa dela

Eu tanto escrevi sobre a saudade
que saudade, agora,
não há

Entendam, eu tive que deixá-la ir
Eu a enterrei na beira da estrada
e juro que derramei um tanto d'água
pra ver se ela se transformava numa
plantinha dessas que não tem nome

Eu tanto escrevi sobre a saudade
que saudade, agora,
não há

Certamente terei saudades novas
e eu mal posso esperar para matá-las

Eu tanto escrevi saudade
que agora
não há

SILÊNCIO

Quando o vento está quieto e solitário
todo o silêncio do mundo
beija meus olhos
e pousa a cabeça no meu peito

Dança comigo o silêncio
e ele me aperta
para cheirar minha garganta
e entender minhas canções

O silêncio assim
muda meus acordes
minha flauta
muda minhas mãos

Na estrutura do meu corpo
as vigas foram feitas de silêncio
e o concreto é uma mera rosa falsa
que sonha em ser orquídea

O MITO DA FOLHA QUE CAI AO COLO

Quando uma folha seca cai de uma árvore
e bate em você antes de cair no chão
ou até quando ela cai e fica no seu colo
é um sinal
Aquela folha nunca esteve descansada
Nunca esteve em superfície
mas esteve em você
Você foi o primeiro chão daquela folha
E ser chão não é coisa pouca
Ser apenas um limite sólido
Sem palavra nem expressão
Sem troca de consciência
Eu aprecio a solidez, a solidão
E a forma do ser humano, que é de duro tato
Dou importância para todas as folhas
E para o processo natural e vivo
Hoje, aqui,
sentada neste bar sozinha
caiu uma folha seca bem no meu colo
Eu entendi que a amendoeira
[estava me fazendo carinho
Entendi que ela sente o amor que eu tenho
[pelas folhas que caem em mim
e entendi que ela me deu essa folha
[para que eu parasse de chorar

E eu parei

ANÁLISE DO MAR

É engraçado como pensamos no mar

Pensamos que os peixes vivem uma vida monótona
Que as anêmonas, de tão calmas,
quase não existem
E que as arraias vivem em câmera lenta

Mas quando pensamos na gente em alto-mar
O movimento é imenso
Por causa do vento
por causa do motivo
do motor
das ondinhas

O mar faz todos os sentidos
para cada ser

Se quiser ser qualquer coisa
o mar trará também aquilo

O azul te pesca sem motivo
e o sal te busca em qualquer lugar

Onde o encontro das suas
onde o desfecho do agrado

Participo dessa reunião com medo
e elogio a tua precisão com êxito

A saudade se acomoda com fome
e eu cozinho como quem teme

O falar não tem ainda o mesmo cheiro
e eu sou uma pessoa difícil

A comida tem crescido muito
com o capinar dos pesadelos

Quantos voos cancelados
quantas horas a terra sente falta

As palavras inventadas
quantos gritos bordados em água

E o mapa não merece a minha mão
o meu dedo não merece tanta aurora

E o meu veleiro
que não tinha tanta fome

ENDEREÇO

O silêncio é o canto da paz
e é neste canto que está meu leito
na beira dos pássaros

Na margem dos afagos
esquina com os canaviais

Na Rua dos Ipês
no Bairro da Tentação

No país de cor brasil
no planeta Regar

A chuva molha agora meu cantinho todo
Regando minhas ruas
ouvindo meus perdões
alimentando as solidões
e acordando meus sinais

A chuva molha agora todo um país
Deixando seus dilúvios nas esquinas
transbordando as minhas margens

Se pássaros bebericam
o barulho da chuva ainda é silêncio

A chuva mora também
no canto da paz

AÇAÍ

O acaso por ter em comum
no bruto lugar que só há terra

Comer as gotas d'água
da fruta que chora

Chora tanto pelo seu país
que em seu pranto roxo
há livros gelados

Capítulos magoados do açaí

AMOR E CAMINHO

Mesmo colhendo enormes melancias
e me imunizando com cupuaçu
descubro que cantar não espanta mal algum

Não sinto mais tantas lembranças em mim
E já não quero mais quem não me pode ter

Por isso eu digo;
Amacia-te nos teus próprios beijos
Casa-te contigo num poliamor
e permite que fales
Sempre

Às tuas palavras, dá amor
Amor e caminho

AGORA QUE ESTÁ MAIS FRESCO

E agora que está mais fresco eu percebo:

Que a mão doeu
O quanto que se fez o silêncio
Que os instrumentistas deste lugar são
crianças, motos e cachorros
Que o cantor é o silêncio
e ele canta alto

Que as luzes falam
Que beijos às vezes doem
mas a gente finge que não
Que os barcos não voltam iguais
Que alguns dos seus jeitos molham os meus
e que eles, juntos, fazem brotar maçãs

Que eu ainda gosto mais do sol
quando ele está batendo na sua pele, cabelos e olhos
do que quando ele fica só no céu

Que eu juro, a sua risada gosta muito de mim
Que no seu mais solto estado, você faz graça pra mim

Que a manhãzinha é como um avião pra nós
Que a madrugada é o aeroporto
e que a noite é como fazer as malas

Que todas as estrelas atendem pelo seu nome
Que meus amigos também sentem a sua falta
e que talvez você seja um anjo querubim
[disfarçando de mulher

Que eu posso estar enganada sobre tantas coisas...
Que a paz me faz lembrar você
Que eu tenho medo de a gente morrer
Que o seu cigarro ainda está no meu cinzeiro

Que eu ainda fico sem jeito
E que a sua mãe não precisa mais medir esforços
[para gostar de mim

Que aquele dia te magoou mais do que eu pensava

Que essa história toda de verão é uma sina
Que o sol foi testemunha
Que aquele momento foi uma das coisas
[mais lindas que eu já vivi
e eu nunca senti tanta saudade de um momento
Que falar disso me faz querer chorar

Que nunca vai existir combinação melhor
do que nós duas e um monte de cervejas

Que eu não sabia que você gostava tanto daquela música

Que às vezes eu quero cortar o cabelo
[só porque eu sei que você gosta

Que o toque da sua mão tira um pouco o meu ar
Que quando estamos entre amigos
eu tento fazer com que você olhe para as minhas mãos
porque você as acha bonitas e masculinas quando eu fumo

Que talvez esteja tudo bem
[se você for embora pra sempre
Que talvez aquela tenha sido a última canção
[que eu escrevi sobre você

Que quase tudo me lembra você
Que talvez eu só escreva tanto sobre você
porque a gente não se entende
e porque foi com você que eu aprendi a falar a verdade

Que meus travesseiros te recebem com carinho e alívio
Que você gosta muito de mim

Que eu ainda mexo muito contigo
E que, pela primeira vez,
[você me achou sexy tocando violão
Que eu sempre descrevo os nossos encontros
[com a palavra "universo"

Que as horas correm da gente, com medo de assalto
Que talvez o nosso encontro tenha acontecido, também,
num planeta que tenha noites quase intermináveis

Que já mudamos muito
Que é estranha a diferença entre o querer e o poder
Que nós somos as autoras das cenas mais lindas
[do cinema brasileiro
e que, se a nossa história fosse um filme
meus amigos me indicariam
[e diriam que eu adoraria assistir
(e, de fato, talvez fosse meu novo filme favorito)

Que os terrenos em que pisamos têm cores,
cheiros, biomas e temperaturas diferentes
mas têm um rio que os liga
logo após a nascente

Que não vivemos bem
Que você se esforçou
Que você também queria que a gente desse certo
e que não faz sentido essa balança

Que me dá taquicardia pensar em você às vezes
Que essa taquicardia passa para o meu estômago
e isso faz com que eu queira beber,
falar, ouvir barulhos e encontrar amigos
Talvez pra que eu não me sinta tão sozinha

Que ultimamente o céu tem ameaçado chorar
[mas não chora
E, quando chora, derrama toda a sua água
a ponto de se desidratar.

Igual a mim

Que o universo me manda sinais de você
Que eles sempre significam alguma coisa
Que eu posso passar o tempo do meu amor
[escrevendo este poema,
esta lista
Que eu queria te entender melhor
que eu queria conhecer teus lados
[que você não mostra
Que eu queria ler as coisas que você disse
[que escreveu sobre mim
mas nunca me mostrou
Que eu queria mais tempo contigo
e que eu sei que posso ter
Que eu tenho medo das formas

Que eu tenho medo de te perder
Que eu tenho medo de não ser gigante em você
Que eu tenho medo do seu desapego
Que o seu desapego me faz crescer

Que talvez sejamos demais uma para a outra
Que, ainda assim, eu te vejo em vários rostos
e quando eu percebo que não é você
eu descanso decepcionada

Que eu tenho histórias de bruxaria contigo

Que eu acredito quando você diz
[que aprendeu muito comigo
Que você me ronda como um cão

Que eu tenho muitos defeitos
e você me ajuda a percebê-los
Que eu amo o seu nome perto de mim

Que você é uma mulher absurda
Que você é intensa do seu jeito

Que você é sua amiga
e que você se tem

Que eu gosto de quem você é
Que a sua imagem como ser humana me interessa
Que eu só consigo te esquecer se você não existir
e isso é completamente errado e simbólico

Que você consegue me acompanhar
[em qualquer conversa
Que você se interessa pelo mundo
como a perfeita sagitariana que é

Que mesmo não sabendo de música
você conversa comigo como se esse fosse o seu universo

Que seu jeito doce me acompanha
[só até onde você me deixa
Que você não se abre pra mim
Que talvez você tenha medo de você mesma

Que seu gosto é i n i g u a l á v e l
sua textura é e x t r a t e r r e s t r e

E que, há cinco dias, quando estava fresco,
quando comecei a escrever isso tudo
Eu percebi que o seu amor é raro
Que eu fiz parte dele
e que talvez isso seja suficiente

Porque daqui a gente não passa
Porque a gente não tem mais assunto
Porque faltamos com respeito uma com a outra
E porque não tinha mais para onde ir,
pegamos a saída de emergência

Isto é:
Emergimos
Desafogando-nos do mar dos enamorados

E, por essas e tantas outras,
não somos mais namoradas

ASTROLOGIA PANDÊMICA

Era muito bom se aquecer
era muito bom tirar os chinelos daquela forma

Era muito ruim a saudade
Era muito ruim a pandemia

Era muito confusa a voz
Era muito confuso o que os olhos viam

Durante os dias em que confundíamos as águas
as nossas e as emprestadas

Durante a ousadia de possuir a chuva como pranto

Era tudo dor
Era tudo medo

O carnaval das alucinações se fez em cada uma das casas
O suingue do desespero em cada um dos apartamentos
Os elevadores a sentir saudades

E eu
a acalentar as máquinas
fazendo carinho no chão
Bebendo a água que restou da minha rotina

E o resultado disso tudo será algo
[que tem o signo do entender
com ascendente em compaixão
e lua em cansaço

MEU MELHOR AMIGO AMARGO

Gosto de acordar junto a ti
meu amigo
Gosto de passar contigo horas

O teu cheiro é dos meus favoritos
teu efeito me cai bem
teu nome eu tenho tatuado
na mão direita

Às tardes você me faz carinho
na chuva, me enche de beijos
e eu sei que é longa a tua história

Longa história de um amigo
Longa história de quem acorda o mundo
junto aos galos

Meu melhor amigo
amargo
É parte de mim como a manhã é parte do orvalho
Como a casa é parte da formiga
Como tudo é parte do poema
Como o fim é parte do início

AS GRUTAS

Todas as texturas que meus dedos já sentiram
Águas, mesas, gatos,
flores e frutas,
incensos esfarelados,
terras, violões,
até mesmo o próprio fogo e o vento

Não me interessam tanto

As abelhas te estudam
e o mel passou toda a sua existência tentando imitar
a textura das tuas grutas

EMPATIA

Declama-me um poema
Prende-me inteira com as tuas sensações
Deixa meu olho raso d'água e faz passar
Mata-me com um silêncio imenso

Obriga-me a ser você durante três refrões
e dá fim ao verso
Faz brotar em mim a saudade do teu mundo

E escuta-me contar o quanto eu me amei
quando eu era tu

BRASILEIRA

Para fazer palpável um contorno
E para que seja interessante a migração

Para ter algo que seja azul
E para entender a chegada
[de Marina Abramović no Brasil

Para querer saber de Lupicínio Rodrigues
E para dançar na Quadrilha de Drummond

Foi preciso ficar parada durante muitas horas

A cada passo que eu dava
eu estava, também,
um pouco parada

Tudo mudou quando eu conheci a Bahia

Ainda não havia para mim Rita Lee também,
Caetano
Mas já havia a sua versão de Asa Branca de Luiz Gonzaga
e todas as mortes que ela me causou

Tudo mudou

Ainda não havia o Amor de Zabelê
Mas quando houve
vi nascer em mim a vontade de curar a Mortal Loucura
e fofocar os segredos escondidos
[nas sílabas poéticas repetidas

Tudo mudou quando ouvi a risada
[de Maria Bethânia naquela sala
na noite em que usávamos roupas quase iguais

Tudo mudou quando ouvi a voz grave de Glória Pires
cantando Kalu naquela cena de Flores Raras

Surgiu aí o medo dos olhos verdes
Tudo mudou quando eu vi Madame Satã
Tudo mudou quando sentei no Baixo Gávea com
Eucanaã

E nessas horas todas
parada
eu viajava

Viajava por Minas Gerais
quando lá se foi mais um dia

Por Porto Alegre
quando deixava o pago
ou quando a felicidade foi-se embora

E por São Luís do Maranhão
onde o samba não morreu

Enquanto ficava parada durante tantas horas
o Brasil inteiro acontecia em mim

Porque Antonio Cicero estava certo
as coisas não precisam de você

Mas se Maysa resplandece
quando até o mundo cai

Eu permaneço brasileira
quando o movimento me distrai

CRESCE

Alguém tem que acender as luzes
e cuidar dos cantos

Não sei bem de onde eu tirei esse jeito
que mais parece uma saudade
honrando qualquer coisa

Entre o mar e os meus cinzeiros
existe uma criança plena

E nessa distância jovial
torno-me mulher
nos seios de mim mesma

CARTA PRO DIA

As fumaças todas que eu acordo
depois de vencer o medo de ir dormir
contemplam a alegria que é o despertar
e não a delícia de me separar da noite

"E a coisa mais divina
que há no mundo
é viver cada segundo
como nunca mais"

Talvez seja por isso que eu não durmo, Vinícius
Por esperar muito da vida
Não consigo me despedir da noite
Já acordando saudosa dos lindos dias

Acordo com tanta saudade do dia
que às vezes nem participo dele
Por não conter em mim toda a alegria que os dias têm
E o desastre pesa quando o sol me lembra que sou carioca

Não tenho alegria para trocar com o dia

Por isso eu peço
perdão, senhor Dia
Eu sei que tínhamos todos de devolver a ti
a alegria que o senhor nos dá

Eu não faço a minha parte
te prometo que vou me alegrar

E então
toda a minha alegria será também tua
Assim seremos, juntos,
felizes para sempre

MARINHEIRA

O azul translúcido que acorda sem sentido
lembra o sonho constante novamente

Sua dicção de entrega
professora da palavra

Eu te escuto e é tanta pele
pele pele
pele fina de pescoço
bochecha
Braços inteiros recheados

Um perto de traqueia
cheirar ouvidos
Seu cheiro é aberto e tem ar

Como sou de terra
me veio como um ímã
e floresceu as árvores
[dos desavanços racionais ativos em mim

Florbela Espanca espancaste minha pampa
até que lágrima vermelha coagula minha ceia
chamada você-em-mim

Se o mar te levasse para longe
seria só teu o azul-marinho

Seriam tuas as pérolas
e tu serias areia chão
de todas as águas grossas de sal

A embarcação-chave
para suas dúvidas

Apaixonada por ti no vento
navegas para os teus cantos

Vai, marinheira
vai para tua vida de
além-mar e não pisca

O mar é teu

Todo porto, todo cais é nosso
Os nós são nossas cirandas
e o mastro
teu umbigo da barriga

COMO QUEM COME COM AS MÃOS

Olha que miséria
Sentar sem te despir o coração

Um de outro é sempre perto
Ou de distâncias carnais

Quem sabe assim um amor mais
fruto

Como quem paira a se admirar
Como quem abraça sempre forte
Ou como quem come com as mãos

Me estico a serviços nítidos
e caio num laço seco
de amor-próprio

Para que só assim
tuas abelhas se alimentem do meu mel

Quero dar o que dei
Receber o que recebi

TAÇA BRANCA

O barulho do anel que pega leve na taça branca

O mundo que é
estar parado

A diferença quântica
que faz o vento

Gente confortável
que gosta de si
ser

Peito quente colo pele fina
das manhãs

Sinto roncos em boa luz
e os cabelos cachos
da satisfação infante

Eu gosto de coisas sérias
De juras
De pés juntos e retos
De linhas até que diagonais, mas finas

Cores que não têm explicação

Como quando vi Chico Buarque
[usando uma camisa polo lilás
cantando sobre alecrim

Tudo que vejo é motivo
Tudo que passa é um banho

Mas a poesia não é metáfora
É o namoro de tudo que nos toca

GOTA

A verdade é que
o que rega realmente cai do céu
Mas não há dança da chuva que faça parar de amar

A gota
só o pingo
Se fosse maior
seria gelado

Leve
mas se olhar de perto
o mundo inteiro está ao contrário
e esse peso é enorme para seres como nós

EU ARDI

Eu ardi
e compensei com tremendos vidros doces

A cada gota me sequei maior
Como num pasto o orvalho miúdo se alastra hidratando

Ardi e logo depois eu já era a própria fuga
O beco vazio, lindo e perigoso

Eu não faço curvas às minhas vontades
os desejos curvam meu corpo e quando meu brado chega
faina meu orgulho

Não se quer sem vaidade
Não se cuida sem ego
E não se ama sem dedos

Não se rega
sem uma seca

O TEMPO

Ouço as pessoas me chamando de jovem
mas eu entendo pouco sobre o tempo
Só a minha pele absorve
quanto tempo o tempo tem

E quanto tempo não tem
entre a minha pele e a pele das pessoas
[que me chamam de jovem

"Oi, jovem, caipirinha?"

O vendedor parecia ter uns quarenta e poucos anos
e ele tinha a pele de um perfeito carioca

Ou melhor
ele tinha a pele de um brasileiro nato
Pele cor de brasa

A bola no pé
a polícia levando um homem preto
meus cachos molhados
e este cheiro

Isso tudo se parece com o que acontecia
dentro da barriga da minha mãe

A forma como a areia poderia muito bem
ser também
sorvete

A forma como aquele surfista tenta
sem descanso
fazer a manobra

E a forma como as pessoas se comunicam

Se esquecem do tempo
Porque o tempo não existe
Ou ele só existe quando passa

Passou o tempo em que éramos pequenos
Passou o tempo em que a barriga da minha mãe
[estava grande de mim
Passou o tempo em que aquele surfista
não sabia surfar

Passou o tempo em que eu ansiava por ver o tempo passar

Dizem que muito a ver com o tempo
tem a memória
E a memória é das coisas que mais correm de mim

Eu vivo me perguntando;
Quanto tempo leva a memória para correr de mim
[e chegar a algum lugar que seja tão
longe a ponto de se perder no meu horizonte?

Talvez o tempo e a memória sejam a mesmíssima coisa
Ou
coisas tão antagônicas que não deveriam nem
ser ditas numa mesma frase
Muito menos
postas em um mesmo poema

ANTROPOFAGIA

You want to play the capoeira?
You want "tupi or not tupi"?
You want to be Abaporu with me?

Roses are red
Violets are blue
A antropofagia é mais que comer cu